REVUE
ARCHÉOLOGIQUE

OU RECUEIL
DE DOCUMENTS ET DE MÉMOIRES

RELATIFS

AUX MONUMENTS, A LA NUMISMATIQUE ET A LA PHILOLOGIE

DE L'ANTIQUITÉ ET DU MOYEN AGE

PUBLIÉS PAR LES PRINCIPAUX ARCHÉOLOGUES

FRANÇAIS ET ÉTRANGERS

ET ACCOMPAGNÉS

DE PLANCHES GRAVÉES D'APRÈS LES MONUMENTS ORIGINAUX

11ᵉ Année

EXTRAIT

PARIS

A. LELEUX, LIBRAIRE-ÉDITEUR

RUE DES POITEVINS, 21

1854

La table des planches et la table générale alphabétique des matières contenues dans les dix premières années de la *Revue archéologique*, que nous avons envoyées à nos abonnés depuis la publication de notre dernier numéro, en même temps qu'elles feront mieux connaître les richesses contenues dans ce vaste répertoire, faciliteront aussi les recherches du lecteur.

Pour aider la mémoire, nous avons pensé qu'il était utile, indépendamment des divers noms sous lesquels est indiqué un même sujet, de faire des articles généraux tels que : Abbayes, Académies, Algérie, Architecture, Armoiries, Cathédrales, Céramique, Chapelles, Collections, Congrès archéologiques, Costumes, Églises, Égypte, Inscriptions, Inventaire, Monnaies, Mosaïques, Musées, Musique, Mythologie, Numismatique, Peintures, Restauration de monuments, Sceaux, Sculptures, Sépultures, Sociétés archéologiques, Statues, Tapisseries, Temples, Tombeaux, Trésor, Tunis, Vases, Vêtements sacerdotaux, Vitraux, Voies romaines, etc., etc. Ainsi par exemple l'église de *Saint-Gengoult*, à Toul, se trouve indiquée au nom de l'auteur, l'abbé Rousselin, aux mots *Toul*, *Église*, *Gengoult*, à la table des planches; et les détails tels que vitraux, sculptures, stalles, etc., à ces divers noms. L'*arc de triomphe de Theveste* se trouve indiqué au nom de l'auteur M. Lacroix; aux mots *Algérie*, *Arc de triomphe*, *Theveste*, etc. La *mosaïque de Cuiry*, se trouve indiquée au nom de l'auteur, M. Rousseau, à la table des planches et aux mots *mosaïques*, *église de Reims*, etc. Comme on le voit nous n'avons pas épargné les indications; aussi sans nous flatter d'avoir fait une table absolument parfaite, nous pouvons assurer à nos abonnés, que nous avons mis tous nos soins pour la rendre aussi complète et aussi utile que possible.

Ces tables qui forment le complément de la dixième année, ont été envoyées *gratuitement* seulement aux abonnés qui possèdent cette année. Quelques personnes nous ayant témoigné le désir d'avoir ces tables séparément, nous en avons fait imprimer 50 exemplaires en plus du nombre des abonnés, et qui seront délivrées au prix de 5 francs.

Comme nos lecteurs ont pu en juger depuis l'origine de sa publication, notre recueil a toujours paru avec la plus grande régularité et a véritablement donné tout ce que son titre promettait, puisqu'il embrasse la science dont il est l'organe dans toutes ses parties et sans exclusion de tout ce que doit renfermer un recueil archéologique.

Librairie Académique
DIDIER & Cie, ÉDITEURS
35, quai des Augustins.

Paris, le 24 Novembre 1859

Monsieur,

Par suite de l'acquisition que nous avons faite à M. Leleux, de la Revue archéologique, nous recherchons pour ce recueil tout concours (aux intérêts de la fois, le patronage) des savants éminents & de toutes les personnes qui se sont fait un nom par l'étude de l'Archéologie. Déjà bon nombre de ces illustrations nous ont promis leur concours. Nous avons pensé, Monsieur, que nous devions à notre publication de solliciter auprès de vous l'autorisation de joindre un nom estimé & honoré dans la science et les lettres, à ceux qui y figurent

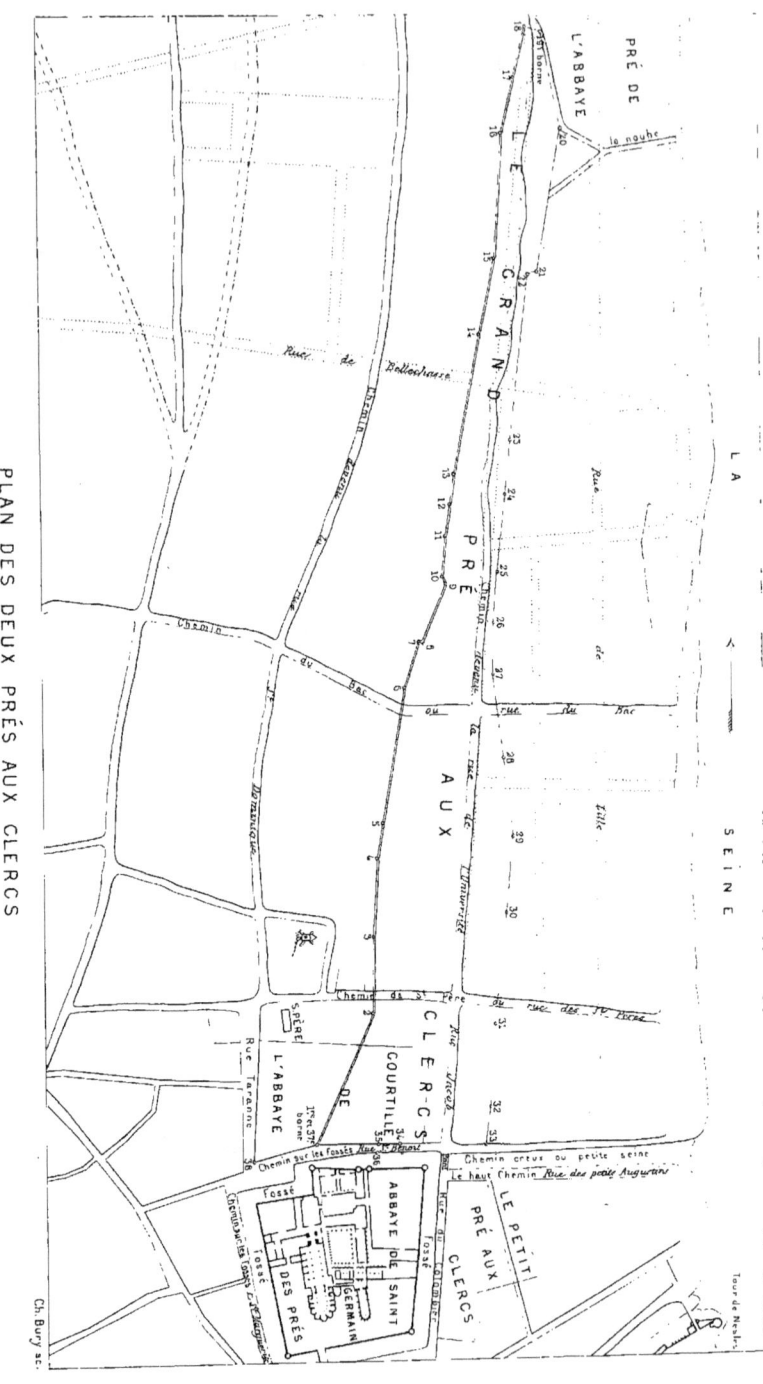

ÉTUDE HISTORIQUE ET TOPOGRAPHIQUE

SUR

LES DEUX PRÉS AUX CLERCS

ET

LA PETITE SEINE.

(VOYEZ LA PLANCHE 267 CI-JOINTE.)

De tous les souvenirs du vieux Paris, il n'en est pas un plus populaire que celui du Pré aux Clercs. Ce nom-là est certes très-familier à tout le monde, mais chez tout le monde aussi il n'éveille que l'idée fort vague d'un emplacement sans forme arrêtée, et situé non loin de l'abbaye Saint-Germain des Prés, sur le bord de la Seine. C'est ainsi que le placent, en effet, les restitutions fantastiques qui ont la prétention de représenter la ville dans son état ancien; mais sur ce sujet, comme sur tant d'autres, il ne faut pas s'en rapporter à ces images, qui traduisent avec inhabileté des notions superficielles, toujours incomplètes et très-fréquemment erronées. A propos du Pré aux Clercs, on doit le reconnaître d'ailleurs, elles ne font que reproduire des erreurs qui sont communes dans les titres et les plans du XVIIe siècle, et qui consistent à considérer ce fief comme beaucoup plus vaste qu'il ne l'était réellement, et à en donner le nom à des terrains qui y étaient contigus au nord et même à l'ouest, mais n'en ont jamais fait partie. Il faut le dire aussi, c'était surtout l'Université qui possédait des renseignements satisfaisants sur le Pré aux Clercs, et méfiante avec raison par suite de ses nombreux différends avec l'abbaye Saint-Germain, elle ne permettait pas facilement l'accès de ses archives. Cependant, comme jusqu'au milieu du siècle passé, les bornes du Pré ont été conservées, il n'eût pas été très-difficile aux auteurs de s'en procurer un relevé exact; nous ne sachions pas, malgré cela, qu'il en ait été publié un (1), ni même qu'on ait paru penser que la chose était possible ; elle l'est pourtant, et nous pouvons garantir la précision mathématique du plan tracé sur notre planche 267 ci-jointe. C'est la réduction d'un grand plan manuscrit en plusieurs feuilles, exécuté avec soin en 1753, et conservé aux Archives impériales(2). On verra plus loin que nous avons eu l'occasion d'en vérifier l'authenticité.

On ne sait absolument rien de l'origine du Pré aux Clercs ; l'Université elle-même, à laquelle il appartenait, ignorait d'où il lui venait. Elle se plaisait, il est vrai, à dire qu'elle le devait à la libéralité des rois, ce qui n'est pas impossible ; et allait même jusqu'à affirmer qu'elle l'avait reçu en don de Charlemagne, ce qu'on ne saurait admettre ; mais elle n'apportait aucune preuve à l'appui de ses assertions. Il est évident que le Pré aux Clercs a dû être compris primitivement dans le territoire de l'abbaye Saint-Germain, mais on ne voit pas à quelle époque et par quelles circonstances il a formé une seigneurie distincte.

Suivant la Chronique d'Aimoin, au nombre des bienfaits conférés au monastère de Saint-Germain des Prés, par Gualon ou Walon, qui en fut élu abbé en 960, il faut compter la restitution d'un pré situé près du couvent, et qui avait été aliéné par la cupidité de ses prédécesseurs séculiers : « Inter cætera quæ eidem ecclesiæ contulit « bona, pratum sub ipso monasterio situm, a dominatione Sancti « Germani alienatum cupiditate prædictorum ducum et abbatum, « prædictæ ecclesiæ restituit (3). » Si, comme l'ont pensé Dubreul et D. Bouillart, ce pré est celui qui a été appelé plus tard le Pré aux Clercs, c'est là la première mention qu'on trouve de son existence. De l'assertion d'Aimoin, Dubreul tire de plus cette conséquence, que l'Université n'était nullement fondée à attribuer à un don de Charlemagne la propriété du Pré aux Clercs, puisqu'il aurait encore appartenu à l'Abbaye à la fin du IXe siècle, c'est-à-dire avant la nomination du premier abbé laïque, Robert, comte de Paris ; mais, ajoute-t-il, il n'est pas déraisonnable de supposer que l'aliénation annulée par Gualon, fut la source des prétentions que l'Université réussit à faire valoir avec le temps. Cette hypothèse n'est nullement dépourvue de vraisemblance, en ce sens qu'une première aliénation a pu servir de précédent pour en autoriser une

---

(1) A la fin du XVIIe siècle l'Université a fait graver un petit plan des deux Prés aux Clercs, mais il ne semble pas qu'il ait été mis dans le commerce, et il n'est pas connu.
(2) Il est compris dans les atlas et coté n° 39.
(3) Lib. V, cap. XLV.

seconde, à la suite de laquelle le pré aura fini par devenir le fief de l'Université, dont on sait bien, aujourd'hui, que l'existence ne remonte pas jusqu'à l'époque où vivait Gualon.

Quoi qu'il en soit, un siècle plus tard, la propriété du Pré aux Clercs était certainement en les mains de ce corps célèbre, car en 1163, le pape Alexandre III étant à Paris, il se plaignit à lui des mauvais traitements que les serviteurs de l'Abbaye faisaient subir aux écoliers, lorsqu'ils allaient se récréer dans le pré, et en demanda justice; mais le pontife refusa de se prononcer à ce sujet, et renvoya l'affaire à la décision du concile de Tours, qui était convoqué pour le 19 mai 1163. On manque de détails sur les débats auxquels elle donna lieu; on sait seulement que le résultat n'en fut pas favorable aux écoliers; on imposa un silence éternel à leurs injustes réclamations, dit Hugues, abbé contemporain de Vezelay, dans l'histoire de ce monastère : « Cum plurimæ hujusmodi con-
« troversæ hinc et inde in eodem concilio (Turonensi) propone-
« rentur et terminarentur, sicut fuit causa Parisiensium clericorum
« et monachorum cœnobii Sancti Germani de pratis, quæ, plenius
« ventilata, injustis clericorum vocibus æternum silentium impo-
« suit (1). » Il paraît que dès lors le Pré aux Clercs servait de lieu de promenade ou au moins de réunion, pour d'autres que les écoliers, car dans la charte relative à la dédicace de la nouvelle église de l'Abbaye, qui avait eu lieu le 21 avril de cette même année, et avait été faite par Alexandre III en personne, il est rapporté que, après la cérémonie, ce pape s'y rendit en procession et y fit un discours au peuple : « Interim dominus papa Alexander ad
« pratum quod est juxta monasterii muros, cum solemni proces-
« sione procedens, ad populum sermonem fecit (2). »

En 1192, une rixe ayant eu lieu au Pré aux Clercs, entre les habitants du bourg Saint-Germain et des écoliers, plusieurs de ces derniers furent maltraités, et l'un d'eux, même, y perdit la vie. L'Université manifesta aussitôt la plus vive indignation; elle accusa les religieux de l'Abbaye d'avoir été les fauteurs des violences commises, et, à la suite d'une assemblée extraordinaire, résolut d'envoyer des députés au Pape pour obtenir justice. Effrayé de cette démarche, l'abbé Robert chercha à se disculper, lui et ses moines. Après avoir informé contre les auteurs prétendus du crime et fait raser leurs maisons, il se rendit chez le légat du Pape, et offrit de se justifier

---

(1) *Hist. Vizel.*, lib. IV et *Hist. univ.*, t. II, p. 315.
(2) *Arch. de S. Germ.* — *Histoire de l'Abbaye*; preuves.

devant une réunion d'ecclésiastiques. Puis, craignant que ce ne fût pas assez, et que les envoyés de l'Université, qui étaient déjà partis, ne parvinssent à indisposer le Pape contre lui, par l'intermédiaire d'Étienne, évêque de Tournay, il pria le cardinal Octavien, évêque d'Ostie, d'intervenir en sa faveur, et y réussit sans doute, car on ne voit pas que cette affaire ait eu aucune suite.

Au mois de juillet 1254, l'abbé Thomas de Mauléon accensa à Raoul d'Aubusson, et moyennant quarante sols de redevance annuelle, une place de cent soixante pieds carrés, en s'engageant à la faire longer par une rue de trois toises de large, qui servirait au preneur et à ses ayants cause, mais sur laquelle il ne pourrait exercer aucun droit seigneurial. Cette rue, c'est celle des Mauvais-Garçons (1), et la place est une partie de l'îlot situé de son côté oriental, entre les rues des Boucheries et de Bussy. Raoul d'Aubusson la donna quatre ans plus tard à l'Université. Nous en parlons parce que l'histoire en est liée à celle du Pré aux Clercs.

Le vendredi, après la translation de saint Nicolas, le 10 mai 1278, le Pré aux Clercs fut le théâtre d'un tumulte beaucoup plus grave qu'aucun de ceux qui l'avaient précédé. Suivant la Chronique de Dubreul, il eut pour cause le rétrécissement de la route conduisant au Pré aux Clercs, par le moyen de constructions nouvelles ordonnées par l'Abbé, et que les écoliers abattirent comme ayant été élevées à leur préjudice. Suivant l'historien de l'Université, ce fut une sorte de guet-apens de la part des moines. Il est certain, du moins, que les écoliers n'y eurent pas l'avantage, car un grand nombre furent maltraités, plusieurs furent gravement blessés et jetés en prison, deux enfin furent tués. Comme on l'imagine aisément, l'Université employa sur-le-champ tous les moyens dont elle disposait pour venger l'attentat dont elle venait d'être victime. Elle fit appel à la puissance du Saint-Siège et à celle du Roi, et ayant remis au cardinal Simon, légat du Pape, une plainte solennelle, elle déclara que si, dans quinze jours, elle n'avait pas obtenu de réparation, elle ferait cesser immédiatement ses classes, ce qui était sa seule ressource, disait-elle, pour protester contre l'injustice. Dans le mémoire rédigé pour le légat, et qu'a reproduit Du Boulay (2), se trouvent de nombreux détails sur les excès auxquels s'étaient portés les religieux et les habitants du bourg; il y est dit que l'Abbé avait, au moyen de sa cloche, appelé ses vassaux; que ceux-ci

(1) On lui a ridiculement donné depuis quelques années le nom de Grégoire de Tours.
(2) *Hist. univ.*, t. III, p. 352.

s'étaient réunis et armés au son des trompettes, et que, par des ordres donnés publiquement et par les cris répétés de : *A mort! A mort!* on avait provoqué au massacre des écoliers; que des hommes avaient été apostés à trois des portes de Paris, pour empêcher ces derniers de s'y réfugier; qu'une multitude d'individus, les armes à la main, s'étaient précipités sur eux, les avaient frappés, renversés, et en avaient jeté plusieurs dans les mêmes cachots que les voleurs; qu'un bachelier ès arts, Gérard de Dôle, et Jourdan, fils de Pierre le Scelleur avaient été blessés de telle sorte qu'on désespérait de leur vie (ils en moururent effectivement); qu'un écolier nommé Adam de Pontoise avait perdu un œil; qu'un pauvre bénéficier, frappé de coups de bâton, avait été volé de sa bourse; que le prévôt de l'Abbaye et les moines avaient encore frappé de leurs épées plusieurs autres écoliers, et après les avoir conduits, tête nue, en manière d'humiliation, au milieu de la foire, les avaient menés en prison, où ils avaient également conduit un prêtre, Étienne de Laye; que les misérables embusqués aux portes de la ville, avaient poursuivi les écoliers à ce point qu'il était probable que quelques-uns avaient été noyés; que deux régents, l'un en médecine, l'autre en théologie, avaient été forcés de s'enfuir également, etc. Enfin, est-il ajouté, pendant tout ce temps, du haut de leurs murailles, les moines faisaient pleuvoir les pierres et les flèches. Le mémoire termine en faisant observer, que si quelques ribauds ou autres ont fait subir certaines vexations aux religieux, c'est seulement le dimanche après que les faits relatés précédemment avaient eu lieu. Il peut y avoir de l'exagération dans les accusations portées par l'Université contre l'Abbé et ses hommes, mais il est à croire que le fond en est vrai, car par arrêt rendu à Poissy, au mois de juillet suivant, le Roi condamna l'Abbaye aux réparations suivantes : 1° Fondation de deux chapellenies de vingt livres parisis de rente chacune, l'une dans l'église du Val-des-Écoliers (Sainte-Catherine de la Couture), où serait enterré Gérard de Dôle, et l'autre dans la chapelle Saint-Martin des Orges, près des murs du monastère, où Jourdan aurait sa sépulture; ces chapellenies devant être à la présentation du Recteur et à la collation de l'Abbé. 2° Payement d'une somme de deux cents livres pour la réparation de la chapelle Saint-Martin, l'achat des livres et des ornements nécessaires au service. 3° Indemnité de deux cents livres au père de Jourdan, de quatre cents livres aux parents de Gérard de Dôle, et deux cents livres au Recteur de l'Université pour distribuer aux régents et aux pauvres écoliers. 4° Expulsion temporaire du royaume de quatre des plus coupables des habitants du bourg, impliqués dans la rixe, et seulement expulsion de Paris, jusqu'à la Toussaint, de six autres. 5° Abandon à l'Université du chemin conduisant au pré, et dérasement jusqu'au niveau des murailles, des deux tournelles de l'Abbaye situées de ce côté. Au reste, ce châtiment sévère ne désarma pas entièrement l'Université, car elle poursuivit encore Étienne de Pontoise, religieux et prévôt de Saint-Germain des Prés, comme complice du meurtre des deux écoliers, et obtint du Légat qu'il serait privé de ses fonctions et relégué dans le monastère de Cluny pour y être enfermé et faire pénitence; ce qui eut lieu. Du Boulay dit que les moines aimèrent mieux abandonner au Roi les droits dont ils jouissaient sur les foires de Saint-Germain, que de payer les quarante livres qu'ils avaient été condamnés à donner pour la fondation des deux chapellenies.

Nous venons de mentionner la chapelle Saint-Martin des Orges; c'est donc ici le lieu d'en dire le peu qu'on en sait. Cette chapelle était située sur la terre même de l'Université et lui avait appartenu de tout temps. Avant 1278, où il semble qu'elle était déjà ancienne puisqu'elle dut alors être rebâtie, elle n'avait pas de chapelain qui lui fût propre; on n'y faisait le service que dans des cas exceptionnels, sans doute lorsque les écoliers se réunissaient pour quelque fête dans leur pré, et c'était alors un maître, choisi pour l'occasion, qui y disait la messe. La chapelle Saint-Martin des Orges, aussi dite Saint-Martin le Vieux, fut démolie en 1368, lorsqu'on creusa les fossés de l'Abbaye, et on en transporta la chapellenie en l'église du couvent (1). Cette circonstance qu'elle fut détruite pour creuser les fossés, prouve assez qu'elle était située sur partie de leur emplacement, mais on ne trouve aucun renseignement qui permette de déterminer avec exactitude sa position réelle. D. Bouilart dit qu'elle se trouvait vers l'angle du jardin de l'Abbaye, proche du Pré aux Clercs, c'est-à-dire à peu près sur l'emplacement de la maison faisant le coin de la rue du Colombier et de Saint-Benoît. Cette situation est fort vraisemblable, car dans une transaction de 1289 (2), au sujet d'une place qui y était contiguë, cette place est dite tenir des deux côtés à des voies publiques : « Quadam platea « sita apud Sanctum Germanum prope Parisius, contigua ex una « parte, sive ex uno latere, capellæ S. Martini veteris de Sancto Germano, et ex alia parte domui dicti magistri (Petri de Ancelira)....

(1) En 1533, on l'appelait « la chapelle Saint-Martin des Orges, autrement dit la chapelle des Bienfaiteurs. »
(2) *Hist. univ.*, vol. III, p. 490.

« et ex tertio latere est via publica, ex quarto vero latere est via
« publica et prope muros abbatiæ dicti Sancti Germani. »

L'an 1292, de nouvelles contestations surgirent entre les écoliers et les moines. Il s'agissait de la place accensée à Raoul d'Aubusson, du droit réclamé par l'Abbaye de faire usage de la porte située vers le pré de l'Université(1) et du bornage d'un fossé voisin du pré, que les religieux soutenaient être limité par une ligne droite partant de l'extrémité des piliers et colonnes situés au dehors des murs de l'abbaye, du côté du lieu où ledit fossé se réunissait à la Seine : « Secundum protentionem et declarationem lineæ pro-
« trahendæ in continuum et directum, ab extremitate pilariorum
« et columpnarum, quæ sunt extra muros abbatiæ prædictæ con-
« junctos cum ipso fossato, juxta pratum nostrum (Universitatis),
« versus locum in quo cum Sequana conjungitur prædictum fos-
« satum (2). » Cette fois, profitant de l'expérience acquise par suite des événements arrivés quatorze ans auparavant, on s'abstint de violences pour vider le différend; on préféra recourir à une transaction. En conséquence, dans une assemblée tenue aux Mathurins, la veille de la fête de saint Pierre et saint Paul, Gérard de Nogent étant recteur, l'Université consentit un accord où il fut stipulé que la place de Raoul d'Aubusson serait abandonnée à l'Abbaye, à condition que le chemin de dix-huit pieds de large qui conduisait au Pré aux Clercs et longeait cette place, resterait libre pour les écoliers; que les moines auraient la liberté de tenir ouverte ou fermée la porte du monastère, donnant sur le Pré, et d'y passer avec des chevaux ou des charrettes pour se rendre, soit au bourg Saint-Germain, soit à Paris; que le fossé en question resterait limité suivant les prétentions des moines, et que sur la portion de terrain qui leur appartenait, ceux-ci pourraient élever des murs simples, mais sans créneaux ni mâchicoulis (*fortaliciis*); enfin que, lorsqu'ils cureraient le fossé sur lequel l'Université abandonnait tous ses droits, ils seraient dans l'obligation d'en jeter les matières de leur propre côté. Lesquelles concessions faites à la charge par l'Abbaye de payer chaque année, et perpétuellement,

---

(1) « *Pratum quod nuncupatur pratum Universitatis.* » C'est la première fois qu'on le trouve énoncé ainsi.

(2) Le fossé dont il est question ici, est celui que les historiens nomment *la petite Seine* et dont nous parlerons plus loin. Quant aux piliers et colonnes, n'en ayant jamais trouvé d'autre mention, nous ne nous rendons pas compte de leur emplacement d'une manière satisfaisante. Nous supposons qu'ils faisaient partie de la poterne à laquelle paraît avoir conduit le fossé.

à l'Université, la somme de quatorze livres parisis, pour être distribuée aux pauvres écoliers. Cet accord fut confirmé par des lettres patentes données à Vincennes, au mois de juillet suivant, par le roi Philippe le Bel; on ignore s'il le fut aussi par le Pape, auquel les parties étaient convenues de demander de même son autorisation.

L'an 1314, le roi Louis le Hutin confirma à l'abbaye Saint-Germain des Prés les droits de justice qu'elle exerçait sur le Pré aux Clercs, et ordonna au Prévôt de Paris de veiller à ce que les écoliers n'y provoquassent pas de désordres. L'année suivante cependant eut encore lieu une rixe entre ces derniers, qui prétendaient avoir le droit de pêcher dans le canal situé le long de leur Pré, et les gens que les moines envoyèrent pour les en empêcher. L'Université s'en plaignit au pape Jean XXII, qui nomma les évêques de Senlis et de Noyon pour informer contre les coupables. On ne sait ce qui en fut le résultat; on voit seulement que l'Université refusa de reconnaître l'abbé de Saint-Germain comme seigneur justicier, et qu'en 1318, les écoliers commirent divers excès, abattant des murailles, enfonçant des portes et enlevant de force les meubles des particuliers. Cet état de choses engagea le Roi à se saisir provisoirement, lui-même, de la justice tant contestée du Pré, ce qu'il fit le 22 mai. Il ordonna également à un sergent d'empêcher que l'on ne conduisît des bestiaux paître dans le Pré aux Clercs, de façon à laisser aux écoliers et aux bourgeois de Paris qui avaient l'habitude de s'y promener, la liberté de le faire sans encombre. Le Roi décida de plus que les évêques d'Amiens et de Saint-Brieuc, un chanoine de Chartres, un autre de Poitiers et un chevalier instruiraient contre les écoliers auteurs du tumulte; si l'affaire eut des suites, elles ne sont pas non plus parvenues jusqu'à nous.

Par l'accord de 1292, avons-nous dit, les religieux de Saint-Germain s'étaient engagés à payer une rente annuelle de quatorze livres parisis, mais ils se mirent si peu en peine de tenir leur parole, qu'en 1345 ils n'en avaient encore rien soldé, sous le prétexte qu'on ne les avait laissés jouir tranquillement, ni de la place Raoul d'Aubusson, ni du fossé. L'Université s'étant alors mise en mesure de les contraindre à acquitter les arrérages de la rente, un second accord fut convenu le 19 juin, qui confirmait les clauses du premier, toutefois avec les modifications suivantes : 1° les religieux n'auraient plus de porte du côté du Pré aux Clercs, celle qu'ils avaient antérieurement le droit de conserver, étant alors murée. 2° Ils payeraient la somme de trois cents livres pour les arrérages de la rente, et céderaient à l'Université le droit de nommer aux cures des églises Saint-Côme et Saint-André des Arts, les titulaires de ces cures devant néanmoins payer chaque année la somme de trente sols parisis à l'Abbaye. 3° Ils serviraient avec exactitude, à l'avenir, la rente de quatorze livres qu'ils devaient, moyennant quoi, ils disposeraient à leur guise du fossé et de la place Raoul d'Aubusson. 4° Le chemin voisin de cette dernière place resterait à l'Université. 5° Le Monastère ferait les frais du voyage des envoyés qui devaient aller demander au Pape la rectification du traité, auquel au mois de mars suivant, Clément VI, alors résidant à Avignon, accorda en effet son approbation. Pressé par l'Université d'effectuer le payement de sa dette, l'abbé de Saint-Germain donna trente écus d'or, et après avoir été obligé de déposer comme caution, entre les mains de l'abbé de Saint-Victor, une certaine quantité de vaisselle d'argent, pesant quatre-vingt-douze marcs, trois onces, et douze sterlings, il fut forcé de la vendre afin de s'acquitter.

Le Pré aux Clercs touchait aux murailles mêmes de l'Abbaye. Aussi, lorsqu'en 1368, par l'ordre du Roi, elle dut être fortifiée, il fallut acquérir de l'Université deux arpents et dix perches de terrain pour creuser les fossés destinés à défendre l'approche du monastère. Comme indemnité, la communauté céda à l'Université : 1° le patronage de l'église de Saint-Germain le Vieil, en échange de celui de la chapelle Saint-Martin des Orges qu'il fallut démolir; 2° huit livres de rente amortie, à prendre par le chapelain sur une maison près des Augustins; 3° soixante francs d'or pour les matériaux de la chapelle, y compris les charpentes, les vitres, la cloche, les ornements et autres choses de ce genre, selon l'estimation des experts nommés par le Roi; 4° enfin, une pièce de terre de deux arpents et demi, située en face du Pré aux Clercs, du côté oriental du fossé allant à la rivière. C'est cette pièce de terre qui a été nommée dans la suite le *petit Pré aux Clercs*. Nous aurons, plus bas, l'occasion d'en reparler.

Le jour de Pâques 1403, un clerc nommé Girardin de Rouen, ayant été surpris coupant la bourse de l'écuyer Pierre de Soissons, occupé à écouter un sermon dans le Pré aux Clercs, des sergents l'arrêtèrent et le conduisirent aux prisons du Châtelet, où il fut réclamé simultanément par l'évêque de Paris et par le religieux official de Saint-Germain des Prés, qui soutenait que puisque cet homme avait été pris sur la terre et en la seigneurie de Saint-Germain des Prés, il en était justiciable. L'affaire ayant été portée au

Parlement, par arrêt du 1er septembre suivant, le prisonnier fut rendu à l'Abbaye, dont les droits de justice se trouvèrent ainsi confirmés une fois de plus. Les écoliers ne cessèrent pas pour cela de les mettre en question, et en 1443, il y eut à ce sujet et à propos de la pêche dans le fossé, de nouveaux troubles auxquels mit fin un troisième accord où il fut déclaré que les choses demeureraient dans le même état que par le passé, et que les procédures des deux parts seraient annulées.

Dans une assemblée tenue aux Mathurins, le 23 mars 1525, fut aboli ou plutôt modifié un ancien usage suivant lequel chaque année, au jour de Pâques, le Recteur de l'Université, les Procureurs des quatre nations et quatre Intrants se transportaient au Pré aux Clercs pour en renouveler la prise en possession, cérémonie qui, plus d'une fois, avait amené des scandales; pour éviter que ces scandales ne vinssent troubler encore la grande solennité d'une des principales fêtes de l'Église, il fut résolu qu'à l'avenir le Recteur et les Procureurs ne se rendraient plus au Pré aux Clercs le jour de Pâques, mais seulement le lendemain. Néanmoins, pour empêcher en même temps que l'ancienne coutume ne s'effaçât entièrement, il fut convenu que le jour même de Pâques, à l'heure ordinaire, leur visite habituelle au Pré aux Clercs serait remplacée par une faite par le Greffier et le Procureur général. Ces dispositions furent observées, car on voit que le 2 avril suivant, le Recteur, les Procureurs et beaucoup d'autres officiers de l'Université, après avoir été faire leurs prières à Saint-Martin des Champs et entendre la messe à l'abbaye Saint-Germain, s'acheminèrent vers le Pré aux Clercs, où les errements du passé ayant été religieusement suivis, la garde et tutelle du pré furent confiées à maître Jean Delacroix, Intrant de la nation de Normandie.

En 1539, l'Université voyant que le petit Pré aux Clercs, devenu un réceptable d'immondices et souvent inondé lors des hautes eaux, ne lui rapportait rien, et lui était même onéreux par les dépenses que causait chaque année l'entretien des fossés qui l'entouraient, résolut de l'aliéner. La question fut agitée dans des assemblées tenues les 5, 6 et 21 juin, et l'on convint de faire afficher qu'il serait baillé aux enchères. Plusieurs acheteurs se présentèrent immédiatement, mais ce fut seulement le 29 mai 1540, que, dans une nouvelle assemblée, l'accensement fut décidé. Par acte du 2 juin suivant, il fut fait en faveur d'un nommé Pierre Leclerc, qui l'obtint au prix de deux sous parisis de cens et dix-huit livres de rente annuelle. Cette adjudication fut confirmée en 1542 par le Parlement. C'est assez probablement vers cette époque que fut percée à travers le pré, la rue des Marais. Nous en trouvons la première mention en 1543. On l'énonçait alors « rue ou ruelle des Marais. » Plus tard, on a écrit « rue des Marets. » Mais nous ne savons si cette variante d'orthographe a une signification, et si la rue doit réellement son nom à ce que le terrain où elle se trouve était humide et souvent couvert par les eaux, ou bien à un certain Nicolas Marets, qui, en 1529, possédait une pièce de terre d'un arpent et demi et quinze perches, s'étendant le long du Chemin creux, entre le petit Pré aux Clercs et la Seine (1).

En 1543, les moines se trouvèrent à l'étroit dans l'enceinte de leur couvent, et voulurent y réunir le clos situé à l'ouest, entre la rue Taranne et la rivière, et qu'on appelait la *courtille* de l'Abbaye; pour cela, ils prolongèrent les murailles du clos jusqu'à celles du monastère, supprimant ainsi le chemin qui longeait les fossés. Mais sur la requête du procureur du Roi, le Prévôt de Paris leur défendit de continuer leur entreprise; il fit même démolir les murailles qui fermaient le chemin. Les religieux alors en appelèrent au Parlement, lequel nomma deux conseillers pour visiter les lieux et faire un rapport. Avant que le point litigieux fût décidé, les religieux trouvèrent le moyen de faire évoquer l'affaire au Conseil privé du Roi; on y rendit un arrêt, le 1er mars 1543, par lequel ils étaient autorisés à continuer les travaux qu'ils avaient commencés; ils les achevèrent donc sans autre incident, et en jouirent paisiblement pendant cinq ans.

Mais au commencement de l'année 1548, le cardinal de Tournon, abbé de Saint-Germain, ayant fait construire dans l'enceinte du monastère une infirmerie ayant des vues sur le Pré aux Clercs, cette nouvelle infraction aux droits de l'Université fit éclater l'orage qui couvait. En effet, Pierre de la Ramée, principal du collége de Presles, homme éloquent et ambitieux, saisit cette occasion de faire repentir les moines de leurs continuels empiétements. Il adressa un long discours aux écoliers, leur parla vivement des entreprises injustes dont leur patrimoine était l'objet, et ayant réussi à ranimer leur ancienne animosité, il les exhorta à se faire justice eux-mêmes en recourant à la force. De pareils conseils répondaient trop bien aux passions de son auditoire pour n'être pas suivis. Aussi de nombreux placards furent-ils posés aux carrefours et aux

(1) Cette dernière hypothèse est la plus vraisemblable; il est certain d'ailleurs que, contrairement à l'opinion de Jaillot, le petit Pré aux Clercs était inculte, et ne renfermait pas de ces jardins potagers qu'on appelle marais.

portes des principaux colléges, invitant les écoliers à se réunir en armes le 4 juillet, pour se rendre en masse au Pré aux Clercs et y tirer vengeance des usurpations dont ils avaient à se plaindre. Au jour indiqué, vers deux heures de l'après-midi, les écoliers, fidèles au rendez-vous, pratiquèrent plusieurs brèches au clos de l'Abbaye, abattirent les arbres fruitiers qui s'y trouvaient, arrachèrent les vignes, et le soir, reformés en colonne, ils allèrent brûler devant l'église Sainte-Geneviève les ceps et les souches qu'ils avaient emportés en guise de trophées (1). Telles étaient les mœurs de l'époque.

A peine ces événements étaient-ils accomplis que chacune des parties porta plainte au Parlement, qui, le 7 juillet, appointa deux conseillers, Martin Ruzé et Jacques Le Roux, pour informer. Néanmoins, dès le 8 même, d'autres violences furent commises. D'après D. Bouillart, les écoliers se seraient encore réunis en armes dans leur pré, avec l'intention de mettre à sac l'Abbaye et les maisons du bourg Saint-Germain; d'après l'avocat de l'Université, des charretiers, sorte d'individus « qui ne sont communément gens de civilité et de raison » ayant voulu passer de force dans le pré, eurent une querelle avec les écoliers, et ceux-ci sommèrent seulement, à cette occasion, les religieux de fournir un chemin convenable pour les charrois, et de boucher les vues sur le pré, qu'ils n'avaient pas le droit de conserver. Ce qui est sûr, c'est que le Prévôt de Paris, prévenu par les moines, arriva à la hâte avec ses archers, les lança brutalement sur les écoliers qui paraissent avoir été alors inoffensifs, et dont quelques-uns furent blessés et plusieurs conduits dans les prisons de l'Abbaye, où de l'artillerie fut introduite. Le jour suivant, afin d'éviter de plus nombreux désordres, le Parlement fit venir le Recteur de l'Université, et lui défendit, sous peine de mort, ainsi qu'aux écoliers, d'aller ce jour-là au Pré aux Clercs; le Parlement ordonna de plus qu'on instruirait l'affaire des démolitions, et que la cause serait entendue le lendemain, ce qui eut lieu. Les plaidoiries prononcées à cette occasion font connaître l'étendue des griefs de l'Université. Elle représenta que, avant 1543, il existait un chemin public, lequel, partant du carrefour aux Vaches (place Sainte-Marguerite), suivait les fossés de l'Abbaye (rue Saint-Benoît), et après avoir fait un coude à l'angle nord-ouest de ces fossés, conduisait à la rivière en longeant le canal dit le Chemin creux (la petite Seine), qui séparait le grand Pré aux Clercs du petit; que ce

---

(1) Dubreul, *Ant. de Paris,* p. 385.

chemin avait été supprimé par les religieux, et, par eux renfermé dans leur courtille; qu'ils avaient même ouvert la porte (la porte papale) qui donnait de ce côté, et avait été anciennement murée par arrêt du Pape et du Roi; qu'il en résultait de grands inconvénients pour le public obligé de faire ainsi un détour considérable; que les religieux avaient pareillement rendu impraticable la partie du chemin, voisine du petit Pré aux Clercs, en y laissant construire divers bâtiments, et particulièrement la maison d'un nommé Jehan Bonyn, barbier; qu'ils avaient, de plus, baillé également à bâtir le terrain de l'ancienne voirie où se transportaient les immondices, et l'avait remplacé par un autre auquel on n'accédait que par une petite voie insuffisante, et qui était d'ailleurs située au-dessus du pré, de sorte que les conducteurs de charroi passaient par le pré, infectant l'atmosphère de miasmes insupportables. A ces accusations parfaitement motivées, l'Abbaye ne répondit rien de satisfaisant; elle allégua que le chemin en litige n'était qu'un sentier, ce qui était évidemment faux; elle invoqua l'arrêt rendu en sa faveur par le Conseil du roi, qu'on lui démontra n'avoir aucune valeur, n'ayant pas été rendu contradictoirement avec l'Université; elle fit encore valoir ses droits sur le Chemin creux, qui n'étaient pas en question, puisqu'on lui reprochait seulement l'occupation du haut chemin qui y était annexé. En somme, la discussion ne lui fut nullement favorable, et, par arrêt du 10 juillet, la Cour ordonna que l'Abbaye donnerait, dans le délai d'un mois, une place loin du Pré aux Clercs pour y établir une voirie, ainsi qu'un lieu commode pour y établir le marché aux chevaux; qu'on pratiquerait une route convenable pour aller à la nouvelle voirie; qu'il serait interdit aux charretiers de passer par le Pré et de gêner les écoliers; que délivrance leur serait faite de l'ancien chemin renfermé dans le clos; qu'on étouperait les vues et meurtrières des murailles du côté des deux Prés aux Clercs « par lesquelles veues et canonnières avoit esté naguieres et la nuit passée, tirés aucuns coups de hacquebuttes contre les escolliers; » que la porte de derrière de l'Abbaye serait fermée; que l'Université jouirait de ses deux prés sans avoir à payer aucune dixme ou cens; et que, quant au chemin voisin du canal, on nommerait dix vieillards pour en indiquer la place exacte. Pour empêcher que la paix ne fût encore troublée, le Parlement ordonna en outre que les *garnisons* placées dans l'Abbaye et les maisons des environs, se retireraient incontinent, sous peine de la hart; qu'il serait défendu aux sergents du Châtelet de molester les écoliers lorsqu'ils seraient au Pré; que ces derniers seraient tenus de se conduire tranquillement, et, enfin, qu'il serait procédé au bornage des deux prés (1).

Le 11 juillet, les deux Conseillers-commissaires se rendirent au Pré, en vertu de la mission qui leur avait été confiée la veille, et là, en présence des parties, ils reprochèrent aux écoliers leurs violences, et déclarèrent à leurs maîtres qu'ils les considéreraient comme responsables de celles qui auraient lieu à l'avenir. Ceux-ci s'excusèrent en disant qu'ils avaient fait leur possible pour prévenir les désordres, puisqu'ils avaient fermé les collèges dans ce but; ils ajoutèrent que les écoliers libres étaient seuls coupables, ainsi que « quelque mauvais peuple.... qui ne demandait que à mal faire, » et firent observer que le meilleur procédé pour arriver à empêcher de nouvelles « émotions, » c'était de procéder à l'exécution de l'arrêt du Parlement, et particulièrement de faire immédiatement boucher les vues du couvent, « par lesquelles, la nuit passée, on avait tiré aucuns coups de hacquebutte sur les escoliers. » Le représentant de l'Abbaye répondit, que, malgré l'arrêt de la veille, les écoliers avaient coupé plus de trois mille pieds d'arbres, et mis le feu en plusieurs endroits du clos. Il nia aussi que des coups de feu eussent été tirés des fenêtres du monastère, dans l'intérieur duquel, suivant lui, soixante ou quatre-vingts fusées avaient été lancées pour y mettre le feu. A quoi le procureur de l'Université objecta que ce corps n'avait point ordonné ces excès, et conséquemment n'en était pas solidaire; qu'ils avaient été commis par des malfaiteurs, car « on avait vu passer sur les pons gens n'ayant aucune marque d'escolliers, qui emportoient de là les dicts pons, les arbres et autres choses provenant de l'Abbaye. » Les Commissaires renvoyèrent l'enquête à cinq heures de l'après-midi, mais les représentants de l'Abbaye n'y vinrent pas. On passa outre et on choisit « aucuns personnaiges anciens » pour donner leur avis sur l'emplacement du chemin en litige. En effet, le samedi 14, accompagnés de Guillaume Giraud « comme painctre, » et de son fils Nicolas Giraud, comme arpenteur juré, après avoir confessé que le chemin était commun, public et royal, ils plantèrent des jalons pour en retracer le parcours. Mais, peu satisfait du résultat, Jehan Du Luc, le représentant de l'Université, fit remarquer que ces vieillards étaient justiciables de l'Abbaye, qu'on ne pouvait ajouter foi à leur témoignage, et qu'il fallait avoir recours à des fouilles qui fourniraient des données authentiques sur

(1) Arch. de l'Université.

les questions pendantes, ce que les Juges-commissaires approuvèrent. Le même jour, fut renouvelée contre les moines l'accusation d'avoir encore tiré cinq ou six coups de feu. Ceux-ci nièrent le fait comme d'habitude, mais ce mensonge tourna à leur confusion, car on montra aux Commissaires les fauconneaux qui se trouvaient encore sur les murailles, et que, par leur ordre, on enleva sur-le-champ. Le 16, on se réunit encore au pré, mais il ne s'y passa rien de bien important. Le 30, les experts et six jurés furent présentés par chacune des parties. Le 31, il fut dit que pour plus de tranquillité, il n'y aurait de présents, du côté de l'Université, que douze membres, quatre Procureurs et le Recteur. Les vieillards essayèrent aussi de s'acquitter des fonctions qui leur avaient été confiées, mais ils ne purent s'entendre complétement, et l'on fut définitivement contraint de pratiquer les tranchées proposées et ordonnées précédemment. La visite en fut faite le 7 et le 8 août, et le rapport présenté le 9. Ce rapport fit connaître l'emplacement du fossé, dit le Chemin creux, et détermina ses dimensions dont nous parlerons plus loin ; il fut moins explicite sur le chemin qui devait exister sur la berge ; il paraît qu'on passait anciennement de chaque côté du cours d'eau ; mais, suivant l'avis des experts, il est à penser que la véritable route devait plutôt se trouver à l'est, vers le petit Pré aux Clercs (1). C'était d'ailleurs aussi l'opinion des jurés, « parce que, » disaient-ils, « on n'eust sceu passer le travers dudict fossé et chemyn creux quant les eaues y estoient, du costé de la rivière de Seine, sans y avoir ung pont dont ne nous est apparu aucune chose, mais le long du chemyn du costé des fossés d'icelle abbaye, on passoit par le petit pont dessus mentionné, et venoit-on par le hault chemyn que nous estimons avoir esté du costé du petit pont, au port de Nesles, sans plus oultre traverser ledit fossé appellé le Chemyn creux. »

Le 12 janvier 1548, le Parlement ordonna que « pour la plus claire et facile intelligence de lestre et forme du chemyn contentieux et délivrance certaine d'icelluy.... les commissaires.... se transporteroient sur les lieux, pour, en présence des parties, et par les painctres qui par elles seroient convenuz et acordez, faire figure accordée, tant pour le regard dudict chemyn que de ce que lesdicts demandeurs (l'Université) prétendoient ausdicts grand et petit pré. » Le plan qui fut dressé en conséquence et qui ne nous est malheu-

(1) Nous avons vu ce chemin indiqué de la manière la plus claire dans une transaction de 1368.

reusement pas parvenu, n'eut pas, au reste, pour résultat de mettre fin au procès, car l'Abbaye, en prévoyant l'issue, s'efforça de le traîner en longueur au moyen de ces chicanes judiciaires, non moins nombreuses alors que maintenant. Elle ne put néanmoins réussir à en prévenir le dénoûment, qui fut un arrêt rendu par le Parlement le 14 mai 1551, par lequel toutes les prétentions de l'Université furent reconnues justes; l'arrêt du 10 juillet 1548 fut confirmé sur chacun de ses points, et les limites des deux prés furent rigoureusement déterminées. Cet arrêt fut définitif, mais il n'eut pas le pouvoir de calmer l'effervescence que d'aussi anciennes contestations avaient produite. Les années suivantes virent divers excès commis encore par les écoliers; des démolitions et des incendies eurent lieu, de sorte que le Parlement reçut du Roi l'ordre de poursuivre activement les coupables et de les punir avec sévérité. L'un d'eux fut donc condamné à être brûlé au milieu du Pré aux Clercs, le 20 mars 1557, et n'obtint d'autre grâce que celle d'être étranglé avant d'être livré aux flammes.

Tel fut le dernier épisode cruel de la longue haine qui anima l'Abbaye et l'Université. Déjà un rapprochement avait eu lieu entre elles, car, le 20 mars 1554, les écoliers étaient venus en procession à l'Abbaye, et un député de la Faculté de médecine y avait prononcé un discours, où il promettait de conserver pour l'Abbaye une amitié éternelle. Au mois d'août suivant, la Faculté de théologie s'y rendit également, à l'occasion de profanations commises par les protestants. Mais ces apparentes réconciliations ne furent jamais parfaitement sincères, et les ouvrages de Du Boulay et D. Bouillart prouvent assez que la vieille animosité n'était point encore éteinte complétement au xviie et même au xviiie siècle. Au reste, on peut le dire aujourd'hui que les passions sont à jamais assoupies, et que l'amour de la vérité peut seul inspirer, si les écoliers, turbulents et amoureux du bruit comme l'est la jeunesse, eurent souvent des torts envers les moines, ceux dont se rendirent coupables ces derniers envers les écoliers, furent toujours plus graves, plus empreints de haine réelle et de mauvaise foi.

Le dernier jour d'octobre 1552, Pierre Leclerc fit rétrocession à l'Université des droits qu'il avait acquis d'elle sur le petit Pré aux Clercs, en se réservant néanmoins la propriété d'une parcelle. Par suite des baux à bâtir qu'il en avait faits à divers particuliers, le petit Pré aux Clercs était alors couvert de maisons ou de jardins, à l'exception de la partie comprise entre la rue des Marais, le chemin faisant séparation des deux prés (rue Bonaparte), et le chemin sur les fossés (rue du Colombier), laquelle présentait 59 perches de superficie, était encore un terrain vague, et ne fut accensée qu'en 1565.

Le Pré aux Clercs était un lieu habituel de promenade pour les habitants de Paris; le soir, pendant l'été, ils s'y rendaient en grand nombre. Profitant de cette circonstance qui leur inspirait l'espoir de faire des prosélytes, des partisans de la religion réformée, appartenant à toutes les classes, s'y réunissaient pour chanter des cantiques et des psaumes en français, et engageaient ceux qui les écoutaient à se joindre à eux. Le 17 mai 1558, l'Évêque s'en plaignit au Parlement, et bientôt le Roi fit défendre ces réunions et ces chants sous peine de mort, prohibition qui, comme on sait, n'eut pas une grande influence sur les progrès du protestantisme.

Si un certain nombre d'écoliers s'étaient montrés partisans des doctrines des religionnaires, beaucoup, au contraire, étaient loin de les partager, comme le prouve un événement arrivé en 1561. Il y avait alors dans le voisinage du Pré aux Clercs, une maison, dite la *maison de Pavanier* (1), appartenant au seigneur de Longjumeau, et où se tenaient des assemblées de protestants. Le 24 avril et les jours suivants, la maison, d'abord menacée, fut ensuite attaquée par les écoliers et la populace, qui défoncèrent les murailles et les fenêtres, et y tuèrent un gentilhomme; ceux qui s'y trouvaient se défendirent si bien, d'ailleurs, qu'ils tuèrent quatre ou cinq de leurs assaillants, et n'en purent être délogés. Le 28, l'avocat du Roi, Du Mesnil, dénonça ces violences au Parlement, en disant que le seigneur de Longjumeau aurait pu empêcher qu'elles n'eussent lieu, s'il avait voulu se retirer avec ce qui lui appartenait; mais que, par cela même qu'il avait rempli sa maison de gens et d'armes, comme pour soutenir un siége, les malheurs à déplorer avaient nécessairement dû arriver. Le seigneur de Longjumeau répondit en exhibant des lettres patentes du Roi, par lesquelles il était défendu d'échanger, en guise d'insultes, les noms de huguenot et de papiste. La Cour lui intima l'ordre d'abandonner sur-le-champ sa maison; les conseillers qui lui en portèrent l'injonction, le trouvèrent occupé à faire emporter ses meubles, sous la garde d'une douzaine de gentilshommes, qui protégeaient également les réparations que des maçons se hâtaient d'exécuter. En même temps, comme il était à craindre que les écoliers ne revinssent à la charge, plus irrités que jamais, on manda le Recteur de l'Université, et on lui adressa la recomman-

---

(1) Cette maison est mentionnée dans le procès-verbal de bornage de 1551 (voir plus loin). Elle était située entre les rues de l'Université et Saint-Dominique, mais on n'en saurait dire l'emplacement exact.

dation, si souvent répétée, de contenir les écoliers et de les empêcher d'aller en armes au Pré aux Clercs; en outre, pour plus de sécurité, les sergents des barrières du pont Saint-Michel et du Petit-Pont furent envoyés aux portes de Nesles et de Saint-Germain-des-Prés, pour empêcher les écoliers d'en sortir. Le 29 avril, le Parlement rendit un arrêt, par lequel il était ordonné au seigneur de Longjumeau et à sa famille de quitter le jour même la ville et les faubourgs, sous peine d'être déclaré rebelle au Roi et à la justice.

Dans une assemblée de l'Université, tenue aux Mathurins le 20 janvier 1563, il fut exposé que le Roi demandait la cession du Pré aux Clercs, offrant en échange telle compensation qui serait jugée convenable. Des commissaires nommés pour étudier la proposition se prononcèrent pour qu'elle fût acceptée. On s'occupa de nouveau de cette affaire l'année suivante ; le 21 avril 1565, des lettres où la mesure était approuvée furent envoyées au Roi. Le 15 novembre, sur les conclusions du Recteur, on décida que l'indemnité à réclamer serait la possession d'un certain terrain voisin de l'Abbaye Saint-Victor, sur les bords de la Seine, et la confirmation de tous les priviléges de l'Université. Le 27 juillet 1566, on délibéra encore sur le choix du terrain destiné à remplacer le Pré aux Clercs, mais la transaction, sans doute trop longtemps différée, ne fut jamais effectuée. L'aliénation du grand Pré aux Clercs n'eut lieu qu'en 1639, et fut faite par portions. Il ne semble pas que, avant cette époque, une construction de quelque importance y ait existé, et nous n'avons pas à nous occuper de ce qui y a été fait depuis (1).

Si dans les divers auteurs qui ont écrit sur Paris se trouvent la plus grande partie des renseignements historiques qu'il est possible d'obtenir aujourd'hui sur le Pré aux Clercs, il s'en faut de beaucoup qu'on puisse y recueillir également les notions topographiques nécessaires pour se rendre compte de l'emplacement, de la grandeur et de la forme de ce lieu célèbre. Aussi, est-ce surtout par ce côté de la question, que nous espérons que les résultats de nos recherches ne seront pas considérés comme entièrement dépourvus d'intérêt.

Le grand Pré aux Clercs avait 30 arpents 2/3, soit 27 600 toises de superficie, suivant un plan de 1674 (2). Sa forme était celle d'un triangle fort irrégulier et allongé, qui avait pour base le chemin du

(1) Nos études ayant pour objet l'*Ancien Paris* exclusivement, nous ne les faisons pas descendre plus bas que le commencement du xviie siècle.
(2) Un titre de 1634 ne lui donne que 25 arpents 19 perches 3/4. En opérant sur le petit plan réduit de notre planche, nous trouvons environ 29 000 toises.

fossé occidental de l'Abbaye, et une portion du canal de la petite Seine. En cet endroit il avait 100 toises de largeur, et sa plus grande longueur était de 612 toises environ. Sa borne extrême, vers le couchant, occupait l'emplacement d'un point de la rue de l'Université, placé à environ 17 toises du coin nord-est de la rue de Bourgogne et de la place. Le petit Pré aux Clercs qu'on dit n'avoir été que de 2 arpents 1/2, présente cependant, d'après les plans, 3433 toises de superficie; il était limité, à l'ouest, par le chemin de la Noue, que représente à peu près aujourd'hui la rue des Petits-Augustins ou Bonaparte; au sud, par le chemin sur les fossés, appelé actuellement rue du Colombier; à l'est, par des terres en bordure sur la rue de Seine; au nord, à d'autres terres, dites le Séjour de Nesles, et comprises entre le chemin de la Noue, la rue de Seine et le quai Malaquais.

Suivant le procès-verbal du bornage, exécuté en conséquence de l'arrêt du 14 mai 1551, par Nicolas Girard, le grand Pré aux Clercs était limité par trente-sept bornes(1).—La première, qui était double, se trouvait sur le chemin des fossés (rue Saint-Benoît), à 37 toises environ de l'encoignure de la rue Taranne; elle séparait le grand Pré du clos de vigne de l'Abbaye; — la deuxième borne se trouvait à 26 perches 1/2 (2) de la première, à l'ouest; — la troisième, à 14 perches plus loin; — la quatrième, à 14 perches; — la cinquième, à 7 perches; — la sixième, à 24 perches 3/4; — la septième, à 7 perches 3/4; — la huitième, à 1/7ᵉ de perche seulement; — la neuvième, à 11 perches 1 pied; — la dixième, à 1 perche 4 pieds; — la onzième, à 7 perches; — la douzième, à 5 perches 1/3; — la treizième, à 5 perches; — la quatorzième, à 22 perches 3/4 (3); — la quinzième, à 13 perches et 2/4; — la seizième, à 22 perches; — la dix-septième, à 10 perches 2/3; — la dix-huitième, à 9 perches 14 pieds; c'était la dernière à l'occident; — la dix-neuvième était située à 3 perches de la précédente, au nord, sur la *Noe* ou canal qui communiquait avec la Seine; — la vingtième, à 17 perches 3/4 de la dix-neuvième, commençait le retour vers l'orient; — la vingt et unième était à 29 perches 1/4 (4); — la vingt-deuxième, à 2 perches 2 pieds; elle formait le ressaut de l'appendice, ou *hache* du bout du pré (voir la planche); — la vingt-troisième, à 31 perches; — la vingt-quatrième, à 10 perches; — la vingt-cinquième, à 13 perches

---

(1) Voir le plan gravé joint à la présente notice, planche 237.
(2) Les perches dont il s'agit ici, étaient de trois toises ou 18 pieds, selon la mesure de l'Abbaye.
(3) Nous trouvons une différence d'environ trois perches en plus sur les plans.
(4) Nous trouvons une différence d'environ trois perches en moins sur les plans.

15 pieds; — la vingt-sixième, à 9 perches 11 pieds; — la vingt-septième, à 9 perches 16 pieds; — la vingt-huitième, à 15 perches; — la vingt-neuvième, à 14 perches; — la trentième, à 14 perches; — la trente et unième, à 20 perches 1/2; — la trente-deuxième, à 15 perches; — la trente-troisième, à 7 perches; cette dernière joignait le chemin dit Chemin creux ou petite Seine; — la trente-quatrième, à 17 perches 1/2, et au sud de la précédente; elle était située sur le bord du fossé de l'Abbaye; en face, et à la distance de 18 pieds, se trouvait une autre borne supplémentaire, qui, avec la trente-quatrième, déterminait le passage de l'ancien chemin, — les trente-cinquième et trente-sixième bornes étaient aussi, dans le même but, posées à 18 pieds l'une de l'autre, et étaient distantes de la trente-quatrième de 3 perches 1/2; — la trente-septième et dernière borne correspondait à la première et double borne énoncée plus haut. Il y avait entre elles et les deux précédentes, la distance de 11 perches 1/2 (1). — Indépendamment de ces bornes, propres au grand Pré aux Clercs, on en fixa trois autres pour assurer le tracé du chemin; l'une, énoncée comme trente-huitième, était au coin même de la rue Taranne, si toutefois nous nous rendons bien compte du texte; quant aux deux autres, la trente-neuvième et quarantième, nous supposons qu'elles étaient dans la rue Sainte-

---

(1) Nous n'avons pas retrouvé, aux Archives, l'original de la partie du bornage, dans laquelle sont mentionnées les distances des diverses bornes entre elles; et nous sommes ainsi forcé de nous en rapporter à la copie qu'en donne Du Boulay. Or, sur cette copie, la 37e borne est dite, non à 11 perches de la 36e, mais à 11 toises 1/2. Nous avons pensé que ce peut être une erreur d'impression : 1° parce qu'il n'est pas question dans ce qui précède de toises, mais bien de perches et de pieds, et qu'on ne voit pas pourquoi on aurait dit ici 11 toises 1/2 au lieu de dire 3 perches 15 pieds comme on le fait plus loin; 2° parce que cette distance de 11 perches 1/2 se rapporte parfaitement et seule avec les plans que nous possédons; 3° parce que si on la suppose juste, on arrive à placer la 38e borne exactement au coin de la rue de Taranne, ce qui est aussi probablement sa situation réelle, car elle est dite « sur le chemin ancien, tirant vers le faubourg St-Germain, du côté du clos de vigne dessus dict, distant de la première borne double dessus dicte, de 12 perches et demie. » D'un autre côté, il faut observer que si l'on admet que la 37e borne n'était qu'à 11 toises 1/2 de la 36e, elle se trouvera en face de la porte papale qui semble indiquée par ces mots : « la porte murée, au droit de l'enclaveure » de laquelle cette 37e borne est énoncée comme ayant été fixée. Dans ce cas la 38e borne serait le long de la rue St-Benoît, et les 39e et 40e à peu près au coin de la rue de l'Égout et de la rue Taranne. Il y a là une de ces difficultés qui nous arrêtent souvent et que tous nos efforts sont impuissants à vaincre. Le moindre renseignement suffirait sans doute pour résoudre la question, mais ce renseignement, nous n'avons pas réussi à le découvrir, et nous sommes forcé de rester dans l'indécision, les deux solutions que nous donnons au problème étant tout aussi acceptables l'une que l'autre.

Marguerite actuelle (1), mais nous avouons mal comprendre le passage où il en est fait mention, et où se trouve peut-être une erreur de rédaction; ce passage est ainsi conçu : « Item, ont esté assises deux bornes vis-à-vis l'une de l'autre, sur l'emboucheure dudit chemin ancien, à l'endroit de la rue du Four, sur le chemin qui vient du pillory, au long des fossez de l'Abbaye, distantes l'une de l'autre de 19 pieds, et, de la première borne, de 8 perches et environ 15 pieds, qui font la trente-neuvième et quarantième bornes. »

Nous n'avons trouvé nulle part de mention des bornes du petit Pré aux Clercs, sur les limites duquel il ne paraît pas y avoir eu de contestations sérieuses. Nous constatons seulement par les plans, qu'il était d'une forme irrégulière vers le nord-est, qu'il commençait sur la rue du Colombier, à 17 toises 5 pieds du coin de la rue de l'Échaudé, et s'étendait sur la rue des Petits-Augustins jusqu'à 13 toises 5 pieds au delà du coin septentrional de la rue des Marais. Sur cette dernière rue, sa limite était à 30 toises environ du coin nord de la rue de Seine.

Dans l'arrêt du 14 mai 1551, les limites du Pré aux Clercs sont indiquées dans les termes suivants : « Et quant à l'estendue et limites dudict grand Pré aux Clercs, a déclaré et déclare ladicte Court icelluy grand Pré aux Clers soy estendre et comporter ainsi qu'il s'ensuict. C'est assavoir à commencer au lieu appellé l'entrée de la nouhe du Pré aux Clercs (2).... et où y a ung bras d'eaue de la rivière de Seyne, et dudict bout estant de présent sur ung hurt de fossé tirant vers cette ville de Paris, laissant à costé senestre ladicte rivière de Seyne, aucunes terres entre deux, et à costé droict, ledict grand Pré aux Clercs, et élargissant ung petit, le long de ladicte nouhe, jusques à ung aultre fossé qui a esté faict pour la closture de quelques pasturaiges ; tenant et costoyant ledict grand pré, à main dextre, aux usaiges et pasturaiges de Saint-Germain, où y a quelque aparence de hurt ; et selon ledict hurt, vers le fossé, du costé de ladicte ville, lesdicts usaiges et pasturaiges à main senestre et ledict Pré aux Clers à main dextre; et de là traversant sur ledict fossé et continuant selon le fillet rouge (3).... jusques à quelque quantité de terres labourables contenans ung quartier ou environ, qui vient en forme de hache, entreprenant au dedans dudict pré ; et d'icelluy endroict traversant ladicte terre en hache, selon ledict fillet rouge,

---

(1) Elle représente le chemin sur les fossés et n'est pas *neuve* comme on le dit, l'alignement au sud paraît même s'être conservé.
(2) Le fossé situé vers l'emplacement de la rue de Bourgogne.
(3) Du plan dressé à cette occasion.

jusques au hurt respondant à peu près au précédent, délaissant les terres labourables à main senestre; et ledict pré à main dextre, tirant du costé de Paris, le long dudict hurt, et à l'alignement des maisons Martin de la Mothe, Jacob Garnier, Pierre Marcel et de M⁶ Jehan Bailly.... Icelles maisons demourans dehors et non comprinses en icelluy pré; et continuant ledict hurt jusques à la muraille du cloz cy-devant basti par ledict M⁶ Jehan Bonnyn, passant à travers ladicte muraille et cloz dudict Bonnyn, à l'alignement dudict hurt, jusques audict chemyn allant à la rivière de Seyne, cy-dessus mentionné, estant entre lesdicts grand et petit pré (1), et faisant la séparation d'iceulx et en continuant le long dudict chemin et petit pré, du costé de ladicte abbaye, jusques au ponceau (2), et d'icellui en montant le long dudict chemyn (3) estant le long du fossez de ladicte abbaye du costé dudict cloz démoly, jusques à l'endroict et milllieu d'une porte estant entre deux petites tours, d'ancienneté et encores de présent closes, ayant regard sur ledict cloz (4). Et d'icelle porte tournant et tirant de droit alignement à travers ledict cloz (5), selon le hurt y estant et selon icelluy et ledict fillet rouge, traversant la muraille et jardin de la maison bastie par maistre Thomas, conseillier au grand Conseil, selon ledict hurt; traversant aussi le bas du cloz appartenant à Jehan Jentilz, et d'icelluy cloz, suivant ledict hurt figuré par lesdicts demandeurs (l'Université), se continuant par derrière la maison et cloz cy-devant basty par maistre Frager, à présent démoliz; iceulx demourant encloz audict pré, jusques à l'alignement et au coing de partie de la maison de Jehan de Licieu dict le Pavanier (6). Et de l'autre costé d'icelle maison, continuant le long d'icelluy hurt contigu des terres labourables, du costé des fourches patibulaires de ladicte abbaye, jusques à l'endroict et à l'opposite de l'autre bout de ladicte

(1) La rue des Petits-Augustins.
(2) Au coin de la rue du Colombier et Saint-Benoît.
(3) Rue Saint-Benoît.
(4) Il s'agit de la porte papale; ce passage semble bien prouver que les plans de l'Université sont faux sur ce point, et qu'ils placent la première borne du Pré aux Clercs de vingt et quelques toises trop au sud. Nous sommes, en effet, sûr de l'emplacement de la porte papale qui est figurée sur un plan de 1643, et dont il reste encore des fragments.
(5) Et conséquemment retournant vers l'ouest.
(6) Il est certain que du côté méridional, le Pré aux Clercs était séparé des terres de l'Abbaye par un fossé : un titre de 1523 mentionne un champ de sept quartiers, placé en bordure sur la rue Saint-Père, et tenant d'une part « au fossé du Pré aux Clercs. » Nous ignorons s'il en était de même du côté nord.

nouhe, cy-devant désigné et figuré par lesdicts demandeurs, et auquel endroict ils avaient commencé leur figure selon ledict fillet rouge. »

Le grand Pré aux Clercs était sillonné dans toute sa longueur par un chemin qui est devenu la rue de l'Université actuelle. On ne trouve, il est vrai, aucune indication de ce chemin dans les anciens titres; cependant il est difficile de douter qu'il ait existé, puisque les plans du XVII siècle le montrent encore en grande partie intact vers l'occident. Nous ne savons du reste le nom qu'il portait (1), et qui était peut-être celui de chemin du Pré aux Clercs, appellation que divers actes de 1649, 1673, etc., nous montrent avoir été appliquée à la portion qui se rapprochait de l'île des Cygnes; nous ignorons même s'il commençait à la rue des Saints-Pères, ou, comme cela est probable, s'il s'étendait jusqu'aux fossés de l'Abbaye, sur l'emplacement de la rue Jacob qu'on croit moderne, et dont l'alignement ne fut donné que le 23 avril 1613, mais dont il est fait mention dès 1611, sous le nom de « la rue que l'on nommera de Jacob. »

Avant le XVII siècle, le grand Pré aux Clercs n'était traversé dans sa largeur que par deux chemins : le premier, le chemin de Saint-Père, aujourd'hui rue des Saints-Pères, qui est fort ancien; le second est le chemin qui est devenu la rue du Bac. Nous avons en effet trouvé dans les archives de l'Université une transaction du 26 mai 1580, par laquelle un marchand nommé Georges Régnier, qui est dit « fournissant les matériaux qu'il convient avoir pour les fortiffications de ceste ville de Paris, du costé des Thuilleryes, ensemble du pallais de la Royne, mère du Roy, ausdictes Thuilleryes, et ayant aussi la charge du gouvernement du bac assis sur la rivière, vis-à-vis dudict pallais, pour le passage desdicts matériaulx » obtint de l'Université la permission de faire, « passer et repasser les chevaulx, charettes, harnoys, tant chargé que vuide, avec les gens dudict Régnier, par et au travers du Pré aux Clercs.... par le chemin, *jà commencé longtemps*, et qui vient de Vaugirard, entrant dans ledict pré, auprès de la borne située près du lieu où estoit size la maison rouge, pour aller où est scitué ledict bac d'icellui Regnier.... sans que icelluy Regnier ny ses gens et serviteurs puissent faire aultre chemin que celuy susdict de largeur de

(1) Jaillot dit que c'était le *chemin des Treilles*, mais nous avons en main les preuves les plus concluantes pour établir que le chemin des Treilles n'est autre que la rue Saint-Dominique, et nous le démontrerons dans un travail que nous préparons sur ces régions.

dix pieds. » Ce document est le plus ancien que nous connaissions, dans lequel ce chemin du bac soit indiqué d'une manière certaine, et on voit qu'il n'était pas encore entièrement public alors, puisqu'il fallait une permission de l'Université pour parcourir le tronçon qui faisait partie de son pré. Jaillot dit cependant que le bac, auquel il conduisait, fut créé par lettres patentes du 6 novembre 1550.

Nous venons de faire plusieurs fois mention d'un cours d'eau qui séparait le grand Pré aux Clercs du petit, et communiquait des fossés de l'Abbaye à la Seine. Ce cours d'eau, tous les auteurs qui ont écrit sur Paris, en ont parlé sous le nom de la *petite Seine*, mais ils n'ont éclairci aucune des questions qui s'y rattachent ; ils se sont bornés à indiquer à peu près son emplacement, et à répéter qu'il avait 14 toises de large, ce qui est inexact. En effet, lors des tranchées faites en 1551 pour en reconnaître le parcours, on reconnut qu'au lieu de la première tranchée, près du bord de la rivière, la petite Seine avait seulement eu 11 toises de large ; qu'au lieu de la dernière tranchée pratiquée près des fossés de l'Abbaye, elle n'en avait que 8 1/2, et 10 toises à l'une des trois autres tranchées intermédiaires. On constata en même temps que le fond n'avait que 5 toises de largeur, les berges étant en talus et « venant en quelque manière de rotondité par les angles basses, à cause du roulement des terres. »

Nous avons inutilement essayé de recueillir un document graphique ou écrit, qui nous permît de retrouver avec précision un point du passage de la petite Seine ; et en essayant d'en restituer le tracé, nous n'avons pu nous baser que sur ce fait, dont nous avons parlé plus haut, qu'il existait, le long de la petite Seine et du côté oriental, un chemin, lequel, après avoir été supprimé en partie par l'Abbaye, fut rétabli définitivement par l'arrêt du Parlement de 1551, et suivant toutes les probabilités, au lieu même où il était situé primitivement. Or, et nous l'avons constaté, c'est ce chemin qui est devenu la rue des Petits-Augustins (1). Conséquemment, la partie antérieure des maisons du côté occidental de la rue doit occuper l'emplacement du cours d'eau.

Les ouvrages publiés ne donnent aucun renseignement sur l'origine de la petite Seine. Dulaure seul a imaginé une hypothèse à ce

---

(1) Nous prouverons, dans un autre article, que le coin occidental de la rue des Petits-Augustins n'a pas changé de place depuis 1587, et le coin oriental, depuis 1565 ; ce qui équivaut à dire que la rue a été alignée d'après le bornage de 1551.

sujet. Suivant lui, la petite Seine serait un fossé qui, dans l'origine, aurait servi de limite au palais des Thermes. Il ne nous paraît pas qu'il y ait lieu de discuter une semblable opinion, propre seulement à faire regretter que Dulaure n'ait pas imité le silence de ceux qui l'avaient précédé (1). Nous croyons avoir lu que lors des plaidoiries de 1548, l'avocat de l'Université répondit aux assertions des moines, qu'ils savaient bien que le canal en question n'avait été creusé que lorsqu'on fortifiait l'Abbaye de fossés. Cet avis nous a paru d'abord d'autant plus vraisemblable que dans les archives de l'abbaye de Saint-Germain on trouve un titre de 1368, où la petite Seine est énoncée le « fossé Neuf qui vient de l'église droit à la rivière de Seinne (2). » Nous pensons cependant que la petite Seine est plus ancienne, et que si elle est appelée un « fossé Neuf » dans la charte que nous venons de citer, c'est simplement parce qu'elle dut être considérablement élargie et creusée lorsque l'Abbaye fut munie de fossés en cette même année 1368. Nous ne voyons pas en effet qu'il soit possible d'expliquer autrement ce passage de la transaction de 1292 : « Cum ipso fossato, juxta pratum nostrum

(1) De tous les ouvrages publiés sur Paris, le plus connu est l'histoire de cette ville par Dulaure, dont il a été fait un grand nombre d'éditions. Pour une multitude de personnes, pour les gens du monde particulièrement, cet ouvrage, c'est l'autorité suprême, c'est un type d'excellence auquel il n'est permis de rien comparer. Il s'en faut pourtant de beaucoup que, au point de vue historique, le livre de Dulaure soit à la hauteur de la réputation qu'il possède, car on ne voit nullement qu'il s'y trouve des dates inédites, des origines élucidées ou des considérations fécondes; ce qu'on y rencontre, au contraire, n'est que la reproduction, souvent faite sans discernement, de faits déjà mis en lumière par ses devanciers, mêlés d'élucubrations fréquemment déplorables, et que ne nous paraissent pas racheter certains détails de mœurs, hors-d'œuvre plutôt destinés à amuser qu'à instruire. Les dissertations topographiques y sont surtout d'une extrême faiblesse, et révèlent un manque absolu d'études sérieuses : on citerait difficilement quelque chose de plus absurde que le tracé de la prétendue enceinte carolingienne de la rive gauche. Il faut le dire aussi, l'ouvrage de Dulaure a beaucoup vieilli, et ses appréciations artistiques font quelquefois sourire. Il n'est plus permis aujourd'hui de parler des monuments du moyen âge avec cette ignorance et ce dédain, conséquence de l'ignorance dont il donne de trop nombreuses preuves.

Au reste, Dulaure ne se proposait pas le même but que la plupart des autres historiens; de son propre aveu il ne voulait pas suivre la carrière, trop aride pour lui, des Bénédictins nos maîtres. Son œuvre était toute politique; il voulait s'en faire une arme pour attaquer les abus d'un ordre de choses qu'il abhorrait. Il est incontestable que cette arme il l'a forgée avec habileté, et s'en est servi avec une extrême énergie. C'est là et non dans son mérite de chroniqueur qu'il faut chercher la cause de l'extrême popularité dont son nom est entouré, mais qui n'est pas destinée à survivre à l'état d'antagonisme auquel elle a dû naissance.

(2) Cart. de l'Abb. coté L. 46, f° 30, v°.

« (Universitatis), versus locum in quo cum Secana conjungitur « ipsum fossatum. » Qu'était-ce donc que ce fossé, limite du Pré aux Clercs, et qui débouchait dans la rivière ? Il est de toute évidence que ce ne peut être que celui dont nous nous occupons.

La petite Seine servait à alimenter d'eau les fossés de l'Abbaye ; dans une pièce de 1449 elle est énoncée : « Ung grant fossé par lequel se vuyde l'eau des fossez de ladicte église et abbaye dudict Saint-Germain, à Seine. » Elle était très-poissonneuse primitivement, et le droit d'y pêcher appartenait aux moines. Ils l'utilisaient également, en guise de canal, pour conduire des barques chargées, jusque sous les murs de leur couvent, à une poterne qui s'y trouvait. Ainsi, dans un procès-verbal du bornage fait en 1515, du terrain destiné à construire cet hôpital qu'on devait appeler la Charité ou le Sanitat, il est dit qu'elle servait à « amener des bateaux de boys et autres, dedans ladicte Abbaye, pour la provision d'icelle. » Sous le règne de François Ier, elle fut employée comme voirie et se combla en partie, de sorte qu'elle était à sec, si ce n'est lors des hautes eaux. On lui donnait alors habituellement le nom de *le Chemin creux*, et parce qu'elle constituait réellement un chemin, et pour la distinguer de l'autre, de celui qui régnait sur la berge, et que par opposition on appelait *le hault Chemin*. Les détails du procès de 1548 prouvent qu'elle n'existait plus alors, et que le terrain qu'elle occupait avait été accensé.

Au commencement du XVIe siècle, le canal séparant les deux Prés aux Clercs était aussi appelé « la Noue, le fossé de la Noue ; » et le chemin contigu, « le chemyn de la Noue (1529), chemin allant de Saint-Germain à la rivière, anciennement dict la Noue (1529), grand chemin de la Noue » (1523), etc. Et nous n'avons pas vu de titres où le cours d'eau soit nommé la petite Seine. Cependant, il est probable que cette désignation a été en usage, puis qu'on voit que la rue des Petits-Augustins est énoncée la « rue que l'on dict être appellée la Petite-Seyne » en 1585, « rue de la Petite-Seine » en 1588, « petite rue de Seine » en 1589, etc. Quoi qu'il en soit, l'appellation de la petite Seine se retrouve un nombre considérable de fois dans les archives de l'abbaye Saint-Germain, mais elle est appliquée à un lieu fort éloigné du monastère, et dont, par suite de l'obscurité des textes et de l'absence de toute donnée préalable exacte, nous ne sommes arrivé à déterminer l'identité qu'après y avoir consacré un temps et des recherches considérables.

Le censier de 1355 nous fournit la première indication de cette petite Seine; mais dans ce recueil et dans d'autres documents postérieurs, les renseignements fort vagues permettent seulement de reconnaître qu'il n'est point question d'une localité voisine du monastère. Au contraire, vers le commencement du XVI° siècle, les titres devenant beaucoup plus nombreux et plus intelligibles, il devient possible de recueillir des indications précises dont le résultat est que l'on appelait la petite Seine, soit tout le terrain compris entre la rue Saint-Dominique, la Seine, l'extrémité du Pré aux Clercs et celle de l'île Maquerelle; soit plus spécialement le chemin représenté aujourd'hui par le prolongement de la rue de l'Université, et qu'on nommait fréquemment le *chemin de la petite Seine* (1523, 1527, etc.).

Il est constant, par l'arpentage fait en 1529, des biens ruraux de l'Abbaye, que le lieu dit la petite Seine ne peut occuper d'autre emplacement que celui que nous venons de dire, car il n'en est fait mention que dans la partie occidentale des deux premiers triages compris entre la rue Saint-Dominique et la rivière (1), et puisqu'il en fait mention simultanément dans les deux, il faut que ce soit un emplacement qui leur fût commun, ou, si l'on veut qui les séparât l'un de l'autre, conditions auxquelles satisfait et satisfait exclusivement le prolongement de la rue de l'Université.

Dans le second triage, une foule de pièces énoncent des terrains aboutissant d'une extrémité sur le « chemin des Treilles » (que nous savons être la rue Saint-Dominique) et de l'autre sur la petite Seine; il faut donc que la petite Seine soit la rue de l'Université, puisque, si c'était la rue de Grenelle, ces terrains ne pourraient être compris dans le second triage, mais rentreraient dans le troisième. Il n'est pas d'ailleurs douteux que la petite Seine était au nord et non au sud de la rue Saint-Dominique, car, dans le censier de 1523, il est parlé de trois arpents « aboutissant *par bas* sur la petite Seine, et d'aultre bout, *par hault*, au chemin des Treilles; » puisque aussi dans un acte de 1524, on lit : « Trois arpens.... à la Saulmonnière.... aboutissant à la petite Seyne ; » dans un autre de 1518 : « Neuf quartiers.... aboutissant d'un bout sur la petite Seyne, et d'aultre bout sur la rivière de Seyne ; » et dans un troisième de 1524, également : « Six arpens au lieu dit la petite Saine.... aboutissant d'un bout à ladicte Saine, et d'aultre bout à la grant rivière. »

(1) Le premier est « le triaige de la Saulmonnière entre le Pré aux Clercs et la rivière ; » le second est dit « commençant aux fossés Saint-Germain jusques au moulin à vent (coin nord des rues Saint-Dominique et des Saints-Pères) au long de l'isle, jusques à Guernelles. »

Les documents modernes sont encore plus explicites. Nous avons vu que des champs énoncés en 1665 et 1675 comme situés au lieu dit « la petite Seyne, et aultrement la grande Raye, » sont placés, sur le plan fait à l'occasion de la construction des Invalides, entre la rue Saint-Dominique et la rue de l'Université. Sur un autre plan à peu près contemporain, le chemin situé au bout de la rue de l'Université, près la rue Saint-Jean au Gros-Caillou, est nommée « chemin de la petite Seine, dit la voye aux Vaches. » Dans un bail de 1684, trois quartiers de terre sis au Gros-Caillou, sont dits « aboutissant d'un bout au chemin de la petite Seine, d'autre bout à la longue Ruc (*sic*). » Dans une transaction de 1717 il est question d'une maison près des Invalides, « tenant par haut à la longue Raye, et par bas au chemin de la petite Seine. » Dans une autre de 1719, un terrain au même endroit, est encore dit « à la longue Raye ou la petite Seine. » Enfin, dans des actes de 1746 et 1763, mais évidemment rédigés d'après d'autres plus anciens, nous avons lu : « La rue de l'Université ou chemin de la petite Seine, » et « la petite Seine, à présent rue de l'Université (1). »

Le bras de rivière qui séparait l'île des Cygnes de la terre ferme, est appelé la *petite Seine* dans un plan manuscrit de 1743, et, dans des pièces de 1637 et 1717, la *petite Seine courante*, et la *rivière de la petite Seine* dans une autre de 1628, sans doute pour le distinguer de l'autre petite Seine, celle qui était dans les terres. Serait-ce donc ce bras de rivière qui aurait fait donner au territoire voisin le nom qu'il a porté? Cela est fort probable, et néanmoins la question présente quelque obscurité. Le bras de rivière dont nous parlons semble nommé le *Bras des Vaches* dans un document de 1476; il l'est certainement; « la rivière et le ru de l'isle des Treilles » dans des titres de 1523, mais, bien plus fréquemment, il ne paraît avoir aucune désignation propre. Nous avons, il est vrai, trouvé une mention de « cinq arpens.... aboutissant d'un bout sur la rivière appellée la petite Seyne, et d'autre part aux chemins aux Vaches » (1534), qui fournit des présomptions affirmatives, mais non concluantes, car ce nom de petite Seine est certainement singulier, appliqué à un chemin; il est surtout bizarre qu'on l'ait donné, non pas tant aux terrains qui se trouvaient le long du canal, et qu'on nommait de préférence *les Treilles*, qu'à celui qui se trouvait au-

---

(1) Dans le censier de 1523, la rue Saint-Dominique est énoncée « chemin qui tend de l'église Saint-Père à la *dernière* Seyne. » Si cette expression n'est pas une erreur de copiste, ce que nous supposons, nous ne nous expliquons pas par quoi elle est motivée.

dessus de l'île. Aussi, sommes-nous disposé à croire que ce dernier formait anciennement une véritable île, soit artificielle, soit naturelle, et que le chemin de la petite Seine est dû au comblement du bras de rivière qui l'isolait ; plusieurs circonstances tendent à corroborer cette hypothèse : la forme du terrain, qui était bien celle d'une île ; sa destination spéciale, qui le faisait appeler le *Pré de l'Abbaye* au XVIe siècle, et le *Pré aux Moines* au XVIIe ; puis le fossé, qui après l'avoir séparé du Pré aux Clercs, allait tomber perpendiculairement dans la Seine. Ce fossé est marqué sur un plan de l'hôtel de la reine Marguerite, et il en est question, sous le nom de la *Nouhe du Pré aux Clercs*, dans l'arpentage fait en 1551, mais tous nos efforts pour découvrir s'il se prolongeait jusqu'à l'île Maquerelle ont été vains.

Adolphe Berty.

VOYAGE EN CILICIE.

MOPSUESTE.

(VOYEZ LA PLANCHE 268 CI-JOINTE.)

Mopsueste, suivant les traditions (1), fut fondée par Mopsus et Amphylocque, immédiatement après la prise de Troie; on peut inférer de là que cette ville dut sa naissance à une colonie argienne (2).

Le nom de Mopsueste, qui signifie *le foyer de Mopsus*, Μόψου ἑστία, rappelle le culte dont ce devin était l'objet en Cilicie, à cause de la célébrité de ses oracles.

On remarque en effet, sur les médailles frappées dans cette ville, des symboles qui se rapportent aux légendes ayant trait à sa fondation par Mopsus; ainsi l'autel allumé que l'on voit sur ces médailles, qu'ont publiées Pellerin (3) et Mionnet (4), en est une preuve.

Les monuments nous apprennent que les habitants de Mopsueste rendaient aussi un culte spécial au *Dieu-Soleil*, le symbole d'Apollon, l'une des divinités de la triade honorée à Tarse. Nous avons en effet trouvé dans cette dernière ville et rapporté à Paris, une inscription déjà publiée par M. Bœckh (5), et qui nous révèle l'existence d'un temple élevé au *Dieu-Soleil*, par un architecte de Mopsueste, nommé Philoclès. Voici le texte de cette inscription avec les restitutions pour les parties mutilées :

ΦΙΛΟΚΛΗΣΦΙΛΟΚΛΕΟΥ[Σ
ΙΣΚΟΛΑΟΥΑΡΧΙΤΕΚΤΟ[ΝΟΣ
ΗΛΙΩΙΚΑΙΤΩΙΔΗ[ΜΩΙ.

« Philoclès, fils de Philoclès Iscolaus, architecte, au Soleil et au « dême. »

---

(1) Eusèbe, *Chroniq.* l. II, chap. 93.
(2) R. Rochette, *Hist. des col. gr.*, t. II, p. 405-7.
(3) Villes et rois. Pl. 73, nos 22-23.
(4) *Descrip. des Méd. gr.* au mot *Mopsus*, et au Suppl., *idem*.
(5) *Corp. Inscr. Græc.* Suppl., n° 4443.—*Recueil des Inscr. de la Cilicie*, p. 6, n° 10.

On célébrait aussi à Mopsueste, à différentes époques, des fêtes en l'honneur de *Bacchus*. Sur une médaille de Caracalla (1), portant au revers un mulet chargé d'un arc, d'un carquois et d'une couronne de lierre à feuilles aiguës, on reconnaît des emblèmes ayant quelque analogie avec ceux des Cistophores. Le mulet dionysiaque, qui porte ces symboles, nous indique un genre nouveau de locomotion, extrêmement intéressant. On serait fondé à croire que les Cistophores, qui ont une certaine ressemblance avec la médaille dont nous parlons, doivent leur origine à des compagnies ambulantes, qui célébraient, dans les villes d'Asie, des fêtes en l'honneur de Bacchus. Ce nouveau type de Mopsueste semble indiquer que ces pèlerinages s'accomplissaient jusque dans les villes les plus éloignées des provinces de l'Asie Mineure.

A l'exemple des autres villes de la Cilicie qui voulaient flatter les conquérants si nombreux et si divers qui se succédaient en Asie Mineure, Mopsueste prit le nom de *Séleucie* (2) qu'elle abandonna lors de la conquête romaine, pour reprendre son ancien nom. Nous la retrouvons, à l'époque d'Hadrien qui la combla de bienfaits, honorée des titres les plus pompeux, et décorée du nom d'*Hadrienne* (3). Plus tard, elle prit, en l'honneur de Trajan-Dèce, le nom de *Decia*, que l'on voit figurer sur une médaille de Valérien, avec la légende ΔΕΚΙΑΝΩΝ ΜΟΨΕΑ[ΤΩΝ] (4).

C'est surtout sur deux inscriptions grecques que se trouvent énumérés tous les titres dont Mopsueste avait été décorée par les empereurs. L'une de ces inscriptions, citée par Cellarius, a été publiée par Grüter (5); l'autre, découverte par nous, dans le cimetière arménien de Missis (6), a été transportée à Paris, et se voit aujourd'hui au Musée impérial du Louvre, dans la nouvelle salle des antiquités de l'Asie Mineure.

INSCRIPTION DE GRUTER.

ΑΥΤΟΚΡΑΤΟΡΙΚΑΙϹΑΡΙ
ΑΔΡΙΑΝΟΥΥΙѠΤΟΥ

---

(1) *Revue numismatique*, 1854, pl. II, n° 14.
(2) *Revue numismatique*, 1854, pl. IV, n° 24, cf. Séleucie du Pyrame.
(3) Mionnet, *Méd. gr.*, v° Mopsuestia.
(4) *Revue numismatique*, 1854, lieu cit.
(5) *Thesaurus inscr. lat.*, CCLV, 4. — Mon Recueil, p. 7, n° 13.
(6) Mon Recueil d'inscr., p. 6, n° 12. — Rapp. au min. de l'instr. publ. dans le tome IV des *Archives des missions*, p. 85.

ΤΡΑΙΑΝΟΥ ΠΑΡΘΙΚΟΥ ΥΙΩΝΩΤΟΥ
ΝΕΡΟΥΑΕΚΓΟΝΩΤΙΤΩΑΙΛΙΩΑΔΡΙΑΝΩ
ΑΝΤΩΝΕΙΝΩ ϹΕΒΑϹΤΩ ΕΥϹΕΒΕΙ
ΑΡΧΙΕΡΕΙΜΕΓΙϹΤΩΔΗΜΑΡΧΙΚΗϹΕΞΟΥϹΙΑϹ
ΤΟ · Ϛ · ΥΠΑΤΩΤΟ · Γ · ΠΠΤΩΕΥΕΡΓΕΤΗΚΑΙ
ϹΩΤΗΡΙΑΔΡΙΑΝΗϹ ΜΟΨΟΥΕϹΤΙΑϹΤΗϹ
ΚΙΛΙΚΙΑϹΙΕΡΑϹΚΑΙΕΛΕΥΘΕΡΑϹ ΚΑΙΑϹΥΛΟΥ
ΚΑΙ ΑΥΤΟΝΟΜΟΥ ΚΑΙ ΦΙΛΗϹ ΚΑΙ ϹΥΜΜΑΚΟΥ
ΡΩΜΑΙΩΝ ΒΟΥΛΗ ΚΑΙΟΔΗΜΟϹ ΔΙΑΤΗϹ
ΘΕΙΑϹ ΑΥΤΟΥ ΔΙΚΑΙΟΔΟϹΙΑϹ ΒΕΒΑΙΑ
ΤΗΡΗϹΑΝΤΟ ϹΑΥΤΗΤΑΕΞΑΡΧΗϹ ΔΙΚΑΙΑ.

« A l'empereur César, fils d'Hadrien, petit-fils de Trajan le Par-
« thique, arrière-petit-fils de Nerva, à Titus Ælius Hadrien An-
« tonin, auguste, pieux, grand pontife, six fois revêtu de la
« puissance tribunitienne, consul pour la troisième fois, père de la
« patrie, bienfaiteur et sauveur d'Hadriana Mopsuestia de Cilicie,
« la sainte, la libre (1), l'inviolable, l'autonome, l'ami et l'alliée des
« Romains; le sénat et le peuple pour sa divine équité et pour avoir
« respecté ses droits dès le commencement. »

INSCRIPTION DU LOUVRE.

[ΑΥΤΟΚΡΑΤΟΡΑ ΚΑΙΣΑΡΑ]
[ΘΕΟΥΑΔΡΙΑΝΟΥΥΙΟΝ ΘΕ]ΟΥ
[Τ]ΡΑΙΑΝΟΥ ΠΑΡΘΙΚΟΥΥΙΩΝΟΝ
Θ[Ε]ΟΥΝΕΡΟΥΑΕΚΓΟΝΟΝ ΤΙΤΟΝ
ΑΙΛΙΟΝ ΑΔΡΙΑΝΟΝ ΑΝΤΩΝΕΙΝΟΝ
ΣΕΒΑΣΤΟΝΕΥΣΕΒΗΠΑΤΕΡΑ
ΠΑΤΡΙΔΟΣ ΟΔΗΜΟΣ
ΑΔΡΙΑΝΩΝΜΟΨΕΑΤΩΝΤΗΣ
ΙΕΡΑΣΚΑΙΕΛΕΥΘΕΡΑΣ ΚΑΙΑΣΥ
ΛΟΥΚΑΙΑΥΤΟΝΟΜΟΥΦΙΛΗΣ
ΚΑΙ ΣΥΜΜΑΧΟΥΡΩΜΑΙΩΝ.

« Cette statue de l'empereur César, fils du dieu Hadrien, petit-
« fils du dieu Trajan le Parthique, arrière-petit-fils du dieu Nerva,
« Titus Ælius Hadrien, Antonin, auguste, pieux, père de la patrie,
« a été élevée par le peuple d'Hadriana Mopsuestia, la sainte, la libre,
« l'inviolable, l'autonome, l'amie et l'alliée du peuple romain. »

(1) *Mopsos liberum*, *Pyramo interpositum*. » — Pline, H. N. l. V, chap. XXII.

DICTIONNAIRE ICONOGRAPHIQUE

DES

MONUMENTS DE L'ANTIQUITÉ CHRÉTIENNE

ET DU MOYEN ÂGE,

PAR L. J. GUÉNEBAULT.

2 vol. grand in-8, imprimés à 2 colonnes sur papier collé.

Prix : 20 francs.

Le *Dictionnaire iconographique* est un répertoire ou indicateur au moyen duquel on peut savoir dans quels lieux et quels ouvrages se trouvent la représentation et la description de tel monument exécuté en Europe pendant le moyen âge, c'est-à-dire depuis le IVe siècle de notre ère jusqu'au XVIe inclusivement. On y trouve classé par ordre alphabétique la notice de les manuscrits, les livres à planches gravées ou lithographiés publiés jusqu'à ce jour dans tous les pays de l'Europe, restaurations de monuments religieux, civils et militaires, depuis la cathédrale et le château féodal, jusqu'à l'humble reliquaire de la chapelle; depuis la pourpre royale jusqu'à la bure monastique; peintures, miniatures, meubles, armures, vases, ustensiles, costumes, armoiries, sceaux des personnages et de cérémonies, attributs des saints, représentations des cérémonies religieuses, civiles et militaires des divers peuples de l'Europe; enfin, tout ce qu'a produit la civilisation au moyen âge. Cette publication se recommande aux architectes, aux peintres, aux sculpteurs, aux dessinateurs, aux antiquaires, aux archéologues, pour la grande facilité avec laquelle ils peuvent avoir, à l'aide de ce *Dictionnaire*, tous les renseignements utiles à leurs travaux.

DOCUMENTS ET GLOSSAIRE, 2e partie de la Notice des émaux, bijoux et objets divers exposés dans les galeries du Musée du Louvre, par M. DE LABORDE. 1 vol. petit in-8. Prix.................. 2 fr.

DICTIONNAIRE ICONOGRAPHIQUE DES MONUMENTS DE L'ANTIQUITÉ CHRÉTIENNE ET DU MOYEN AGE, du Bas-Empire jusqu'à la fin du XVI° siècle, indiquant l'art de [...] sation à ces diverses époques, par L. J. Guénebault. [...] deux colonnes, imprimés sur papier collé.

ÉCLAIRCISSEMENTS SUR LE CERCUEIL DU ROI MYCÉRINUS, [...] la grande pyramide de Gizeh, par le D' Isidore. In-4°.

ESSAI HISTORIQUE SUR LA RELIGION DES ARA[BES], à éclairer les origines des religions hellénique, latine, gauloise [...] par Alfred Maury. In-8°.

ESSAI SUR LE TEXTE GREC DE L'INSCRIPTION DE ROSETTE, accompagné d'éclaircissements sur la partie [...] même monument, par [...] 4 planches.

HISTOIRE DES GRANDES FORÊTS DE LA [GAULE ET DE] L'ANCIENNE FRANCE, précédée de recherches [...] de l'Angleterre, de l'Allemagne et de l'Italie [...] des forêts des diverses parties du globe, par A. Maury. 1 vol.

INSCRIPTIONS grecques, romaines, byzantines et [...] traduites et commentées par MM. Victor Langlois et [...]

MÉMOIRE SUR QUELQUES PHÉNOMÈNES [...] sur les monuments égyptiens, avec leur date de jour [...] M. E. de Rougé. In-8°.

MÉMOIRE où se trouve résumé pour la première fois [...] des aureolichen dans lequel sont écrits les noms des [...] Ptolémées, par M. [...]

NOTICES HISTORIQUES SUR LES OBÉLISQUES [...] et en particulier sur l'obélisque de Louqsor, par [...]

NOTICES SUR L'ÂNE [...] par MM. [...]

NOTICE SUR LA SALLE DES FUNÉRAILLES [...] d'Abydos, au Musée britannique [...]

RECHERCHES SUR LA PRÉPARATION [...] DONNAIENT À LA CHAUX [...] et sur la composition et l'emploi [...] pour la couleur [...]

REVUE ARCHÉOLOGIQUE [...]

www.ingramcontent.com/pod-product-compliance
Lightning Source LLC
Chambersburg PA
CBHW061015050426
42453CB00009B/1456